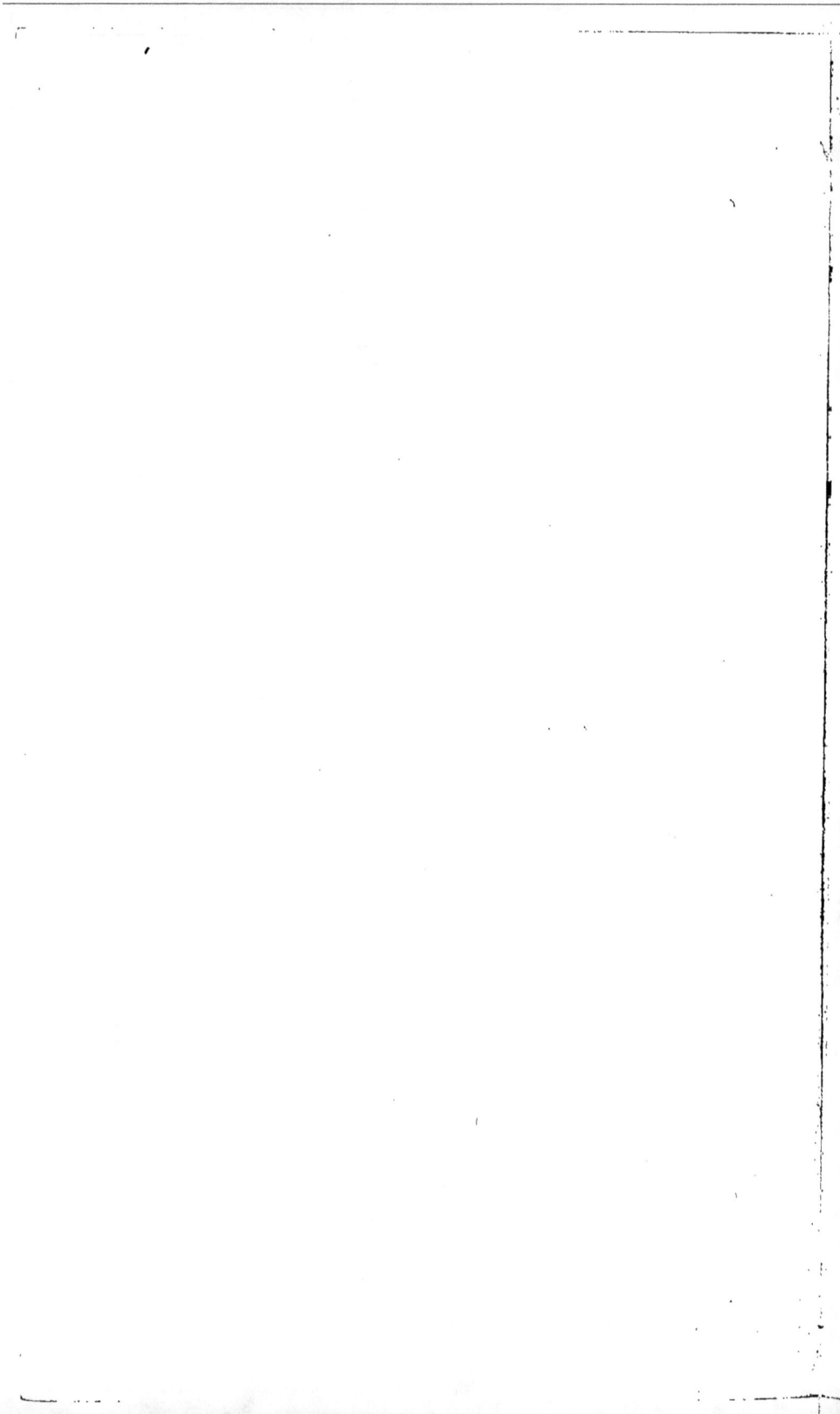

OBSERVATIONS

Sur le projet de résolution relatif au partage des biens des parens d'émigrés.

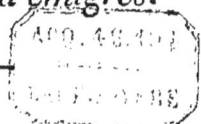

PLUSIEURS de ceux qui ont écrit et parlé sur la législation relative aux parens d'émigrés, ont trop bien développé les principes et présenté le tableau successif des lois qui en font partie, pour qu'il soit nécessaire d'entrer dans de nouveaux détails sur une législation qui, depuis long-temps, ne devroit plus être l'objet d'une question.

Fondé sur ce principe aussi juste que sacré, que les fautes sont personnelles, et que nul ne peut être responsable de celles d'autrui, on a prouvé assez clairement que l'article 3 de la loi du 28 Mars 1793, en présentant une incohérence choquante qui fait en même temps vivre et mourir civilement le même individu et en dépouillant les vivans au nom des morts, n'atteignoit pas le coupable et ne frappoit que l'innocent.

On s'est élevé avec autant de force que de raison contre ces transfuges qui n'ont quitté leur patrie que pour soulever contre elle une partie de l'Europe : leur crime est affreux sans doute, et il n'est aucun républicain qui n'approuve l'arrêt que prononcent contre eux les articles 1 et 2 de la loi du 28 Mars 1793. Mais le crime de ces coupables est à eux

A

seuls, et seuls ils doivent en supporter la punition ; et il n'est aucun individu, ami fidèle de la justice, qui ne soutienne que là s'arrête et doit s'arrêter le juste châtiment que méritent ces ennemis de la patrie.

L'émigré, étant frappé de mort civile et banni à perpétuité sous peine de mort, ne peut exercer aucun droit sur le territoire de la république. Ce n'est donc pas sur lui que se dirigent les dispositions de l'article 3 de la loi du 28 Mars 1793 : elle ne frappe que leurs parens républicoles, c'est sur eux que porte le poids de la punition d'un crime qui n'est pas le leur et qui leur est étranger. De quel droit et pourquoi les frappe-t-on ? On l'ignore ; car de deux choses l'une : où ils sont coupables du crime de complicité de l'émigration, ou ils sont innocents. S'ils sont coupables, l'envahissement de la propriété à laquelle les appelle l'ordre successif établi par les lois ne suffit pas ; s'ils sont coupables, la loi du 25 Brumaire, qui développe les caractères de la complicité d'émigration, prononce la peine qui doit en être la suite : le crime prouvé, il n'y a que l'application de la loi à faire. Mais s'ils sont innocents, si rien ne prouve contre eux, s'ils n'ont point enfreint le pacte social, si au contraire le patriotisme et les faits d'armes de beaucoup d'entr'eux repoussent les inculpations dont on veut les accabler, de quel droit les dépouiller et les ranger dans une classe de proscription aussi injuste qu'humiliante ?

Les parens d'émigrés, a dit un orateur, sont leurs complices présumés. Les émigrés

ont constitué avec eux tous leurs parens et
alliés en guerre avec la république.

Où en serions-nous , si des principes aussi
faux et aussi contraires au droit des gens
acquerroient quelque crédit?

La fraude, ni le crime ne se présument
pas ; ils se prouvent : ainsi l'ont voulu les lois
de tous les peuples. Quelle impolitique et af-
freuse maxime que celle qui admettroit des
coupables par supposition ; quel vaste champ
elle présenteroit à ces antropophages altérés
de sang , qui , sur le plus léger soupçon, si-
gnaleroient le citoyen vertueux et le per-
droient? Car, ne nous y trompons pas , si de
pareils principes étoient accueillis , aujour-
d'hui ce seroit une portion de la société qu'on
attaqueroit, demain une autre. Aujourd'hui
ce seroit la fortune qu'on confisqueroit, demain ce seroit l'existence qu'on proscriroit,
et bientôt, peut-être , le rapide et fâcheux
élan de pareilles maximes réduiroit leur au-
teur aux larmes du regret le plus amer. Ah!
laissons aux tyrans la fâcheuse et barbare
prévoyance d'être injustes par précaution :
soyons au contraire justes par principes, et
ressouvenons-nous bien que l'identité du sang
ne produit point l'identité du crime. N'oublions pas que ce n'est que sous le despotisme
seul que les fautes sont supportées par ceux
qui ne les ont pas commises. Ne repoussons pas
la maxime de Solon , qui, au lieu de punir
l'enfant des fautes de son père, vouloit qu'on
l'honorât pour en faire un citoyen vertueux,
et empêcher qu'il ressemblât à celui dont il
tenoit le jour.

On a dit aussi qu'il falloit faire pour les émigrés et leur famille une législation *extra-constitutionnelle*. Un vrai républicain ne connoît que la constitution ; il s'arrête avec respect aux bornes qu'elle a posées : vouloir aller plus loin c'est la méconnoître et l'anéantir. L'article 373 de la constitution, en approuvant la confiscation des biens des émigrés, déclare que la nation française ne souffrira, dans aucun cas, leur retour, et interdit au corps législatif de créer de nouvelles exceptions *sur ce point.* Cette disposition, comme on le voit, ne porte que sur la personne et les biens personnels des émigrés, elle n'est relative qu'à eux et n'a aucun rapport avec leurs parens.

On a dit aussi que c'étoit à tort que les parens d'émigrés réclamoient contre la résolution qui leur enlève les successions que la nation recueille, parce que si l'émigré fût resté en France ce seroit lui qui les recueilleroit. Il est vrai que ces successions seroient recueillies par celui que la loi rend habile à les réclamer : mais son existence auroit un terme, et après avoir récolté plusieurs successions il en laisseroit une qui appartiendroit à ses héritiers, tandis que la nation ne laisse aucune trace de celles qu'elle prend.

Que de choses il y auroit à dire sur ce droit de successibilité, au nom duquel on peut moissonner toutes les successions qu'on rencontre ; sur cet envahissement de propriété que la constitution condamne et qu'on veut exercer malgré son vœu sans aucune indemnité!

On a présenté la loi du 9 Floréal an 3 comme une loi désastreuse pour la nation, comme une loi seulement à l'avantage des parens d'émigrés dont elle paroissoit être l'ouvrage.

L'abus des mots conduit souvent à l'abus des choses, et à la transgression des faits.

On ignore donc ou l'on feint d'ignorer quels furent les motifs qui déterminèrent la convention à prononcer cette loi. On ignore donc qu'elle fut l'ouvrage de l'assentiment de sept comités réunis. Que l'on rapproche les noms de ceux qui combattoient alors cette proposition, qu'on leur mette en opposition ceux des membres qui votèrent pour son acceptation, qu'on fixe les noms de ceux qui demandèrent depuis, d'abord le rapport et ensuite la suspension de cette loi; qu'on examine la résolution acceptée par le conseil des cinqcents le 23 Pluviôse an 4, qu'on se rappelle les noms et les intentions de ceux qui la combattirent, en demandant non-seulement le rapport de la loi du 9 Floréal, mais de toutes celles qui l'avoient précédée; qu'on suive l'opinion du rapporteur et de ceux qui défendoient cette résolution, on verra quelle étoit alors l'opinion des membres les plus connus par leur patriotisme et leurs lumières. Une partie d'entr'eux siége encore sur les bancs du sénat français, et ils n'auront sûrement pas vu sans étonnement l'interprétation qu'on a donnée à leurs intentions.

Cette résolution fut rejettée par le conseil des anciens, après cependant avoir été vigoureusement défendue par des orateurs dont le patriotisme n'a jamais pu être soupçonné. Elle fut rejettée, non parce qu'elle paroissoit avantageuse aux parens d'émigrés, mais au contraire parce que l'expropriation des ascendans des émigrés parut contraire aux principes et à la constitution.

Allant toujours d'erreurs en erreurs, on a prétendu que la loi du 20 Floréal an 4, non-seulement ne levoit pas la suspension de celle du 9 Floréal, mais encore qu'elle rendoit sans effet l'article 25 de cette loi.

Si la vérité, si les opérations qui se sont faites depuis le 20 Floréal, si même le nouveau projet de résolution présenté ne prouvoient pas le contraire, qu'on se reporte au temps et à l'esprit dans lequel cette loi a été rendue. Mais puisqu'on veut y trouver des incertitudes, et qu'on lui donne un sens opposé à l'esprit qui l'a dictée, qu'on examine le rapport fait au conseil des cinq-cents le 28 Ventôse an 4 par le représentant Audouin. On y verra bien que l'intention de la commission et du conseil, en acceptant le projet, n'a point été d'aggraver la situation des parens des émigrés, en leur enlevant les fruits de la compensation qu'offre l'article 25 de la loi du 9 Floréal : on y verra que la résolution du 23 Pluviôse ayant été rejettée par les raisons ci-devant expliquées, la commission et le rapporteur espéroient que la faculté donnée aux ascendans d'émigrés de faire ou ne pas faire le partage, trouveroit moins de contradiction que la précédente résolution, ce qui est prouvé par cette invitation du rapporteur :

Levez-vous (dit-il aux représentans du

peuple) *pour le triomphe de la justice bien entendue, pour l'exécution sévère de l'acte constitutionnel, pour admettre au moins au partage avec la république les parens qui le desirent, et conserver le séquestre sur les biens de ceux qui ne consentiroient pas à profiter, j'ose le dire, de la bienveillance de la loi.*

La commission qui présenta le projet de la loi du 20 Floréal étoit bien loin aussi d'assimiler l'innocent au coupable, en accusant de complicité présumée tout ce qui tient aux émigrés ; car le rapporteur dit dans son discours préliminaire :

Ce n'est point une loi fiscale que nous vous présentons, ce n'est point un projet de loi révolutionnaire ; nous n'étendrons point sur les ascendans des émigrés l'anathéme qui frappe leurs fils ; nous ne cherchons point dans ces ascendans une présomption de complicité, etc.

Comment peut-on avancer, d'après les dispositions de la loi du 20 Floréal et l'examen des discussions dont a souvent retenti la tribune, que la loi du 9 Floréal est suspendue, et que l'art. 25 ne peut être exécuté ? Quand depuis le 20 Floréal an 4 toutes les opérations suspendues par la loi du 11 Messidor ont repris leur activité, quand cette loi se trouve ponctuellement exécutée dans toutes ses dispositions, peut-on nier que la loi du 20 Floréal, en se liant à celle du 9, en a levé la suspension, et qu'elle lui a rendu toute sa force, sauf les modifications qu'elle apporte à l'article premier ? N'est-il pas évident que ces deux

A 4

lois, en s'identifiant, n'en font qu'une? La validité de tous les partages faits depuis le 20 Floréal, *conformément à leurs disposi-tions*, ne prouve-t-elle pas de la manière la plus complette l'existence de la loi du 9 Floréal, et qu'elle a et doit avoir son effet jusqu'à ce qu'elle soit clairement et spéciale-ment rappoitée?

On a dit que l'art. 25 de la loi du 9 Floréal ne portoit qu'une renonciation subordonnée à l'exécution de cette loi, et restreinte aux seules familles qui effectueroient le partage, parce que cet article dit: *Au moyen des dis-positions ci-dessus, etc.*

Il faut bien remarquer que c'est l'art. 25 de la loi du 9 Floréal an 3 qui s'exprime ainsi, et qu'on veut se servir de la loi du 20 Floréal an 4 pour paralyser les effets de celle du 9, décrétée un an auparavant. Mais une pareille interprétation est absolument contraire à l'esprit de la loi du 9 Floréal.

Cette première phrase de l'article 25 est aussi insignifiante que surabondante, puisque l'article premier soumet à la déclaration et au partage tous les ascendans d'émigrés sans exception, et l'art. 3 de cette même loi dit:

L'ascendant d'émigré soumis à la décla-ration ci-dessus, qui refuseroit de la fournir, ou ne la fournira pas dans le délai, sera puni de la déchéance de tous les avantages qui lui sont accordés par la présente loi, et des ex-perts nommés d'office la rapporteront à ses frais.

D'après les dispositions de cet article,

quelles auroient donc été les familles au bé-
néfice desquelles la renonciation auroit été
restreinte, puisque le partage des biens de
tous les ascendans des émigrés étoit impérativement ordonné ; que nul ne pouvoit s'y
soustraire, et que ceux qui, par une résistance
mal entendue, auroient laissé passer le délai
prescrit par la loi, n'en étoient pas moins
obligés de souffrir le partage, et perdoient
l'avantage que la loi accordoit à leur obéis-
sance.

Quel est donc le parti qu'on a cru pouvoir
tirer de ces mots : *Au moyen des dispositions ci-dessus*, etc., quand alors ce moyen et
ces dispositions étoient inévitables, puisque
l'article premier ordonne impérativement, et
que l'article 3 indique les moyens de se passer
de la déclaration des réfusans ?

On a dit aussi *que les commissions ne con-
viennent pas que la loi du 9 Floréal porte
une renonciation générale aux successions di-
rectes et collatérales, et que nulle part on
ne voit que la loi du 28 Mars ait été formellement rapportée.*

Il ne faut que citer l'article 25 de la loi
du 9 Floréal, pour détruire jusqu'au dernier
mot de cette étonnante opinion.

Au moyen des dispositions ci-dessus (dit
cet article) *toute la législation relative aux
familles des émigrés est abolie, et la nation
renonce à toutes les successions qui pour-
roient lui écheoir à l'avenir, tant en ligne di-
recte que collatérale, n'entendant recueillir
que celles ouvertes jusqu'à ce jour.*

Comme jamais rapport ne fut plus clair ni renonciation plus formelle, il est inutile de rien ajouter aux réponses toutes naturelles que fait l'article précité.

On a dit enfin que la loi du 9 Floréal ayant été *suspendue* par celle du 11 Messidor suivant, celle du 28 Mars 1793 avoit repris son exécution. Mais depuis quand la suspension d'une loi ou son abrogation produisent-elles les mêmes effets ? Cette suspension du 11 Messidor n'a-t-elle pas été levée de fait et de droit par la loi du 20 Floréal an 4, puisqu'à compter de cette époque les partages commencés avant le 11 Messidor ont été achevés, et que, également, à compter de cette date on a reçu et on reçoit encore les déclarations préparatoires aux partages ?

On peut prouver d'une manière bien précise que la législation sur les parens et les biens d'émigrés n'est plus ce qu'elle étoit avant le 9 Floréal an 3. La loi du 28 Mars 1793, laissa aux ascendans d'émigrés la libre jouissance de leurs biens. Il leur fut seulement défendu de les aliéner. La loi du 17 Frimaire an 2 ordonna le séquestre des biens des pères et mères d'émigrés *en établissant même des exceptions.* La loi du 20 Floréal an 4, en rendant facultatif le partage exigé par celle du 9, ordonna que le séquestre tiendroit à l'égard de ceux qui n'auroient pas demandé ou ne demanderoient pas le partage, *et qu'il seroit établi sur les biens de ceux désignés dans l'article premier de la loi du 9 Floréal.*

Or, quels étoient ceux désignés dans cet

article? *Les pères, mères, aïeux, aïeules et autres ascendans des émigrés*, et non pas seulement *les pères et mères d'émigrés* désignés dans la loi du 17 Frimaire an 2.

Dans le rapport qui précède le nouveau projet présenté au conseil des cinq-cents le rapporteur cite, à l'appui de son projet, l'opinion de la commission du conseil des anciens sur le principe de la résolution du 23 Frimaire. Ne pourroit-on pas placer à côté de cette autorité l'opinion de plusieurs orateurs de ce même conseil, qui ont non seulement combattu le principe de cette résolution, mais qui l'ont attaquée sous les rapports inconstitutionnels et rétroactifs qu'elle offroit, et que contient encore le nouveau projet présenté au conseil?

Toutes les fois que des raisons d'état, d'accord avec les principes de la justice et de la morale, exigeront le rapport d'une loi, le corps législatif peut l'abroger. Mais il n'a pas la puissance de faire qu'elle n'ait pas existé; et la constitution lui refuse formellement le droit d'empêcher qu'elle ait son effet, jusqu'au moment où une nouvelle loi en arrête l'exécution.

Si un nouveau projet, également d'accord avec l'article premier, 3, 5 et 8 de la déclaration des droits du citoyen, 7 et 8 de celle des devoirs, 358 et 375 de la constitution, paroît aux yeux du législateur intègre devoir arrêter l'exécution de la loi du 9 Floréal et la remplacer par d'autres dispositions, le corps législatif peut et doit le faire. Mais il doit repousser toute proposition injuste, nuisible au crédit, à la confiance publique, attentatoire à la propriété, et portant en outre ce caractère de rétroactivité proscrit par l'article 14 de la déclaration des droits.

Telle est la question sur laquelle le conseil va bientôt prononcer. Malgré tout ce qu'en ont dit les ennemis de la loi du 9 Floréal, cette loi a repris son activité première depuis le 20 Floréal, et cela est si vrai, que l'article 14 du nouveau projet, dit :

Les partages des biens des ascendans d'émigrés, opérés en vertu des lois des 9 Floréal an 3 et 20 Floréal an 4 sont maintenus en tant qu'ils auront été faits conformément aux dispositions desdites lois ; et ceux, qui quoique commencés ne sont pas définitivement arrêtés, n'auront lieu que de la manière qui va être prescrite.

Quoi, on ne craint pas d'avancer que depuis le 11 Messidor an 3 la loi du 9 Floréal est nulle, qu'elle a été et est sans effet, et cependant on propose de valider toutes les opérations et partages faits depuis le 20 Floréal, conformément à ces deux lois ?

Non, la loi du 9 Floréal n'est point nulle ; non, elle n'est point sans effet. L'énorme quantité d'opérations arrêtées par la loi du 11 Messidor et activées par celle du 20 Floréal, et la nécessité de valider ces mêmes opérations prouvent, de la manière la plus victorieuse, que la loi du 20 Floréal en a totalement levé la suspension.

L'article premier du nouveau projet rap-

porte les lois des 9 Floréal , 11 Messidor an 3
et 20 Floréal an 4.

Ce n'est sûrement pas sans une surprise bien
vive qu'on trouve la loi du 11 Messidor pla-
cée entre les deux autres; et c'est sans doute
à la faveur de ce rapport de la loi du 11 Messidor , qu'on voudroit déguiser la rétroactivité qu'on donne à celui de la loi du 9 Floréal.

Cette loi du 11 Messidor , qui n'a fait que
suspendre la loi du 9 Floréal, et qui ne présente aucune autre disposition , a cessé d'avoir
toute espèce d'effet le 20 Floréal an 4, puisqu'à compter de cette époque la loi du 9 Floréal a repris son activité. Cette loi du 11 Messidor est donc nulle depuis le 20 Floréal.

*L'article 2 dit que l'article 3 de la loi du
28 Mars 1793 continuera d'être exécuté pen-
dant quinze années seulement, à compter du
jour de la publication de la paix générale.*

Si le vice inconstitutionnel et l'effet rétro-
actif que présente cet article ne suffisoient
pas pour lui attirer l'improbation du conseil ,
on démontreroit ici combien cette disposition
est contraire aux principes d'une législation
juste. Mais il suffit de dire que cet art. 3 de
la loi du 28 Mars 1793 qu'on veut ressusciter
avec une apparence de modification, est nul
depuis le 9 Floréal an 3.

Une seule question reste à faire dans le
cas où cet article trouveroit des défenseurs.

Comment admettre d'abord que non - seulement un homme puisse être mort et vivant
en même-temps, mais encore qu'un émigré,
pris, condamné et fusillé, puisse, quoique

sa mort réelle soit de toute notoriété, être
réputé vivant indéfiniment ?

Comment aussi la vie présumée de ce même
individu qu'on veut représenter sans preuves
légales de son existence ou de sa mort réelle
soit fixée à dix et quinze ans dans la résolution du 11 Nivôse dernier, et ait un terme
indéfini dans le projet à discuter ?

Comme il suffit d'avoir prouvé que la loi
du 9 Floréal a existé, existe et existera jusqu'à ce qu'elle soit formellement rapportée
par une autre loi, on auroit pu se dispenser de
parler de quelques-uns des articles du nouveau projet, et il est inutile de s'étendre sur
les reproches fondés qu'on pourroit faire à
plusieurs de ceux qui les suivent.

Il est hors de doute que si la loi du 9 Floréal n'existoit pas, la constitution ne permet-
troit pas de l'accepter. Mais elle existe, et les
dispositions de l'article 25, présentant une
sorte d'indemnité, semble compenser le sa-
crifice qu'exige le partage anticipé, et rem-
plir le vœu de l'article 358 de la constitution.

La nouvelle proposition faite au conseil paroît moins basée sur les principes de la justice et de la constitution que sur le besoin des
circonstances.

Plusieurs orateurs, et plus encore l'exemple
du passé, nous ont savamment démontré que
ce n'est point par de pareilles mesures qu'on
améliore les finances d'un état. Ce n'est point
en oubliant les principes de la justice, en frap-
pant tantôt une classe, tantôt une autre, et

en condamnant la constitution au silence qu'on ouvre les canaux de la circulation et qu'on affermit le crédit public. Enfant de la confiance, il s'effarouche facilement, et disparoît toutes les fois qu'une déviation de principes l'effraye en menaçant les propriétés.

Si on comparoit la modicité du prix actuel des biens-fonds avec les droits d'enregistrement de cinq pour cent à percevoir sur les successions collatérales évaluées sur le pied du denier 22, tandis que la valeur des terres n'atteint pas actuellement le denier 10, peut-être trouveroit-on dans l'exécution pure et simple de la loi du 9 Floréal une ressource plus sûre et plus prompte pour la trésorerie nationale que les mesures qu'on propose. Elles auroient de plus le rare et précieux avantage d'être d'accord avec la justice, la morale et la constitution ; d'assurer le crédit public, de ramener la confiance, qu'une versatilité d'opinions et de principes agissant continuellement en sens contraire au bien de l'état, a fait disparoître.

N'oublions pas que c'est toujours par des lois justes qu'on peut forcer au silence les ennemis de la révolution et augmenter le nombre de ceux qui l'aiment sincérement, et que des lois de rigueur produiroient l'effet contraire. Il est sûrement plus aisé de s'attacher les esprits par l'équité, que de les dompter par la crainte et l'injustice.

Profitons de l'utile leçon que nous donnent les Grecs, qui ne connoissoient d'autre guide que la justice, et dont les principes ont été

tant de fois iuvoqués avec succès. Thémistocle
dans un moment inquiétant pour la république
d'Athènes annonça publiquement qu'il avoit
conçu un projet important, mais dont le succès dépendoit du secret le plus impénétrable.
Qu'il soit confié à Aristide, dit le peuple.
Thémistocle communiqua son projet à Aristide. Rien de si utile, dit alors celui-ci, mais
rien de si injuste. Nous n'en voulons pas, s'é-
cria tout d'une voix l'assemblée.

De l'Imprimerie de Honnert, rue du Colombier,
Nº. 1160.

www.ingramcontent.com/pod-product-compliance
Lightning Source LLC
Chambersburg PA
CBHW050411210326
41520CB00020B/6558